柴犬まるの若心経(ニャシンギョウ)

ワン

監修 加藤朝胤 薬師寺執事長
写真 小野慎二郎
文 菅原こころ

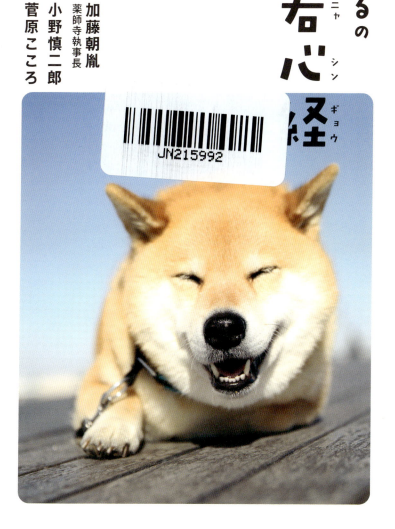

はじめに

　般若心経には「幸せをいただく方法」が書いてあります。

　幸せになる秘訣は「笑顔」をつくること。まるを見れば わかるように「笑う門には福来たる」。笑って過ごしている と自然に力が抜けて、ラク～に生きられるようになります。

　まるの笑顔に人が心を動かされるのは、本当にうれしがっ ているから。笑顔はつくるものではなく、自然に出るもの。 心を動かす笑顔はつくられたものじゃないのです。

　そんな笑顔になるヒントは「般若心経」のなかに込めら れています。「般若心経」の教えにある、この世は移り変わり、 留まることを知らないものだと受け入れて、前向きに取り 組めば、きっと自然に笑顔になれるし、幸せもやってきます。

　本書では、般若心経の語句を身近な例や言葉を使って紹 介していますので、ぜひ自分なりの解釈で親しんでください。

1 幸せをいただく方法

- 010 誰とでも仲良し　観自在
- 012 気持ちに寄り添う　菩薩
- 014 やりすぎないで　行深般若波羅蜜多時
- 016 まると学ぶ、ブッダの教え①　幸せになる方法
- 018 時の流れに身を任せ　照見五蘊皆空
- 020 他の道も探してみよう　度一切苦厄
- 022 ［動物が出てくる、ブッダの言葉①］
  火に飛び込んだうさぎの話

🐾2 こだわりから自由になる

- 024 油断大敵！ 舎利子
- 026 大きくても、気にしない 色不異空
- 028 気持ちは伝わる 空不異色
- 030 この瞬間に全力を 色即是空
- 032 温かいんだから 空即是色
- 034 みんな違ってそれでいい 受想行識 亦復如是
- 036 まるっと学ぶ、ブッダの教え② 揺らぐ心にこだわっちゃダメ
- 038 変わったね 是諸法空相
- 040 生えた？ 不生不滅
- 042 汚れてもいい 不垢不浄
- 044 体重なんて気にしない 不増不減
- 046 ［動物が出てくる、ブッダの言葉②］
  恩返しをした牛の話

③ 今を愉しむ

- 048 見えるものは一瞬で変わる　是故空中無色
- 050 目がくらんでない？　無受想行識
- 052 感覚を信じすぎない　無眼耳鼻舌身意
- 054 疑ってみる　無色声香味触法
- 056 まるっと学ぶ、ブッダの教え③　見えないことを愉しめばいい
- 058 シンプルに生きる　無眼界 乃至無意識界
- 060 世の中は知らないことだらけ　無無明
- 062 認め合えたら素敵　亦無無明尽
- 064 歳とったな……　乃至無老死
- 066 今年もまた歳を重ねる　亦無老死尽
- 068 まるっと学ぶ、ブッダの教え④　夢や優しい心を忘れない
- 070 ほどほどが大切　無苦集滅道
- 072 悟ってみた　無智亦無得
- 074 いつまでそうしてるの？　以無所得故
- 076 ［動物が出てくる、ブッダの言葉③］
　　　悪いことをした犬は誰？

④ 穏やかに受けとめる

- 078 自分の道を進もう　菩提薩埵
- 080 思い切って飛び込む　依般若波羅蜜多故
- 082 通せんぼ　心無罣礙
- 084 天に任せる　無罣礙故
- 086 もう、怖くない　無有恐怖
- 088 考えすぎじゃない？　遠離一切顛倒夢想
- 090 充電中　究竟涅槃
- 092 まるっと学ぶ、ブッダの教え⑤　受けとめ方を変えればいい
- 094 見守ってるよ　三世諸佛
- 096 道なき道をゆく　依般若波羅蜜多故
- 098 たくさんの人に支えられている　得阿耨多羅三藐三菩提
- 100 大事なのは気持ち　故知般若波羅蜜多
- 102 まるっと学ぶ、ブッダの教え⑥　認めれば苦しみは小さくなる
- 104 ワッショイ　是大神呪
- 106 分かち合おう　是大明呪
- 108 言葉にはパワーがある　是無上呪
- 110 君は世界でひとりだけ　是無等等呪
- 112 ドンマイ　能除一切苦

114	ラクして手に入るものナシ	真実不虚
116	まると学ぶ、ブッダの教え⑦	無は完全消滅じゃない
118	みんなで考えよう	故説般若波羅蜜多呪
120	ファイト	即説呪曰
122	まると学ぶ、ブッダの教え⑧	きっと願いは叶う
124	さあ行こう！	掲諦　掲諦　波羅掲諦
126	一緒に行こう！	波羅僧掲諦
128	幸せの世界を目指して	菩提薩婆呵
130	これがワン若心経	般若心経
132	まると学ぶ、ブッダの教え⑨	まるくおさまるよ
134	般若心経　全文	

※本書では、旧字体の「佛」という漢字を使用しています。この文字は「人」と「弗」とを合成した形声文字です。「人」は、立っている人を横から眺めた形を表す象形文字で、「弗」は縦の二本の線が反り返って合わないものを示し、「背く」を表す会意文字です。

中国洛陽白馬寺に佛教が伝来した永平十年、梵語 buddha の音訳に「佛陀」が用いられ、佛は一般には「ホトケ」を意味することとなりました。佛は人でありながら人にあらず（弗）、悟った人であるということが、音だけでなく文字の持つ意味で表されています。

現在は、「佛」を「仏」と表記することが多いですが、旁の「ム」は単なる記号にすぎません。佛教者としては、「佛」の文字に含まれる意味も大切にしたいものです。

chapter 1
幸せをいただく方法

誰とでも仲良し

幸せをいただく方法

大きな心で、人を受けとめよう

　柴犬のまるは、人が近づいてくるとまずうれしそうに受け入れます。その人の年齢や経歴など興味もなく、まるで昔からの親友のように温かく戯れ遊ぶのです。そんなまるの包容力が多くの人を引き寄せ、どんどん友達の輪を広げていきます。人と交わる時に相手の年齢や家庭環境、経歴などにこだわるのは実はもったいないことです。「あの人とは趣味が同じだから」「あの人は大学の先生だから」限られたメンバーと交われば、あなたの周りには、似たような人ばかりが集まります。心の垣根を取り払い、いろいろな人と自由に付き合うことで、あなたの人生は何倍も豊かになるのです。

観自在
かんじざい

目の前の事象を決めつけず、広い心で眺めることのできる状態。般若心経を漢訳した玄奘三蔵は、元々の「観世音菩薩」という言葉を、救いを求める人々のもとへ自ら出向き、柔軟な姿勢で救済活動をする存在として「観自在菩薩」と訳しました。

気持ちに寄り添う

幸せをいただく方法

困っている人を、放っておかない

　苦しんでいる人を見かけたら、援助の手を差し出しましょう。例えば、見上げるような大きな階段の途中で、ひとりのお年寄りが立ち尽くしていた。足元を見ると大きな手荷物がゴロンと二つ。あ、昇りきれないんだなと察したら、「手伝いましょう」と臆せず声をかけましょう。「いやいや大丈夫です」なんて相手によっては遠慮されるかもしれません。それでも「階段の上までは持ちますよ」そう笑顔で提案しましょう。困っている人を見たら決して彼らをひとりにしない。みんながそう心を決めて思いやりを持てば、私たちの世界は今よりはるかに美しいものになるのです。

菩薩（ほさつ）

「菩薩」とは、コツコツ正しい道を歩む修行者の意味です。永遠なるものを求めて永遠に努力を続ける人ともいえるでしょう。あなたがお釈迦さまの正しい教えを実践している時こそ菩薩の姿です。

やりすぎないで

幸せをいただく方法

好きなことこそ、やりすぎない

　どれほど夢中になれる趣味や仕事であっても、やりすぎることは危険です。そうは言っても、自分の目標がまっすぐ一つのものに向かっている時、それを抑えるのは大変難しいこと。むしろ欲望のおもむくまま全力で走りたいのが正直なところでしょう。しかし、やりすぎは身体のバランスを崩すだけでなく、不安や苛立ち、怒りも呼び込みます。仮に目標を見事に達成できても、家庭の平和や親子の信頼関係など、他の大切なものを失っている場合もあるのです。ひとり勝ちは良くありません。みんなが喜びを感じることが大切です。

行深般若波羅蜜多時
（ぎょうじんはんにゃはらみったじ）

「行深」とはハードな身体的修行のことではありません。まるで深い瞑想状態のような、どこまでも内観的で冷静な心の鍛錬を指します。佛教では、人生という行（修行）に真摯な姿勢で向かうことで、般若という至高の智慧を得られると説いています。

\まると学ぶ、ブッダの教え①/

幸せになる方法

　幸せになるには笑顔が大事。時には思いっきり笑うこと。そして人を信頼しよう。柴犬まるがご主人様に身を委ねて安心して抱かれるように。謙虚に人を信じて笑顔で過ごしてみると、きっと世界はうまく回り出す。

時の流れに
身を任せ

幸せをいただく方法

見えている世界は、一瞬で変わる

　まるは、車に乗ると窓の近くへ移動して、窓を開けてくれと催促します。爽やかな風と、移り変わる車窓からの眺めを心から楽しんでいるようです。私たちをとりまく世界は、日々刻々と変化しています。まさに車窓からの眺めのように、人生にも同じものがずっと留まることはありません。ハイハイしていた赤ちゃんもあっという間に大きくなり、社会へ出ていきます。元気だったお父さんも少しずつ歩けなくなって、やがて命を全うします。すべては変化するからこそ、今一緒にいる人、今感じていることをかけがえのない瞬間と思って大切にしたいですね。

照見五蘊皆空（しょうけんごうんかいくう）

「五蘊」とは人間が絶対視しがちな「色」「受」「想」「行」「識」の五つの蘊（あつまり）。これらは必ず移り変わり変化するもので「空」であり、目の前で繰り広げられる事柄の本質を、かたよらない心で見つめることが大切です。

他の道も
探してみよう

幸せをいただく方法

幸せになる道は、一つではない

　幸せに到る道は一つではありません。それなのに、つい私たちは一つのことばかり思いつめて生き方を狭くしています。30歳までに結婚しないと、35歳までに出産しないと、有名企業に就職しないと、太るから炭水化物は避けないと…。あなたが幸せになるためには、これらが重要な条件なのでしょうか。物事を断定するたびにあなたが失っていくものがあります。それは、これ以外の選択肢から伸びている幸せのかたちです。ここに幸せがある、いやここにしかないと思い込んで、そこばかりを深堀りするのは、むしろ幸福からどんどん遠ざかる行為かもしれません。

度一切苦厄
（ど いっさい く やく）

ここに登場する「度」とは「超える」と訳します。つまり一切の苦しみを乗り越えるという意味です。五蘊（ごうん）の苦しみは、しょせんすべて「空」であると実感することで、ついにあらゆる苦しみから解放され、心静かな境地へ到ることができるのです。

動物が出てくる、ブッダの言葉 ①

[火に飛び込んだうさぎの話]

昔、森に一匹のうさぎがいました。うさぎには、三匹の仲のいい友達がいました。猿、山犬、かわうそです。

ある日、お坊さんが動物たちのところにやってきました。実はこのお坊さんは、天上の神・インドラでした。食べ物を乞うお坊さんに、動物たちは快く自分の食べ物を与えました。しかし、うさぎだけは何の食べ物もありません。

うさぎはお坊さんに頼み、火を焚いてもらいました。そして、「私は火のなかに飛び込みますから、どうぞ私を食べてください」と言って火のなかに飛び込んだのです。ところが、火はまったく熱くありません。驚くうさぎに、お坊さんは言いました。

「うさぎよ、私は坊さんではない。インドラの神だ。お前の気持ちがどれほどのものかを試すために天から来たのだ」

インドラの神は、うさぎの徳を後世に伝えるため、山をつぶした絞り汁で月にうさぎの姿を描きました。この話は「善いことはわが身を惜しまずにやる精神が大事だ」と説いています。相手が誰であっても、真心を持った態度で接することを心がけたいものです。

（「ジャータカ」より）

※「ジャータカ」とは547話で構成された、お釈迦さまの前世の物語。お釈迦さまが前世に人間や動物の姿で生まれた時に、修行をしながら、生きとし生けるものを教え導いた話を集めたもの。「ジャータカ」はインドで語りつがれ、西洋の「イソップ物語」などにも影響を与えました。

chapter 2
こだわりから自由になる

油断大敵！

こだわりから自由になる

調子の良い時こそ、慎重に

　小さな成功をおさめると、すぐに調子に乗って舞い上がってしまう私たち。しかし成功の後こそ、キリリと気持ちを引き締めましょう。興奮して人を見下したり、その後の仕事で手を抜いたりすると、せっかくの成功も水の泡です。もしあなたの目標が成果を出し続けることや、もっと大きな成功を手に入れることならば、慎重かつ勤勉であることを心がけましょう。うまくいった時こそストイックに自分を律し、うまくいったからといって手を抜かず良い働きを続ける、この二つがしっかりと備われば、あなたは大きな波に乗れるし、大きな波に呑まれることもないのです。

舎利子(しゃりし)

十大弟子のひとり、シャーリプトラの漢訳です。その謙虚で誠実な人柄を伝える数多くの物語が残っています。お釈迦さまを紹介してくれた先輩弟子、アッサジのいる方向へ毎日欠かさず礼拝をしていた、という逸話も彼の人柄を偲(しの)ばせます。

大きくても、
気にしない

こだわりから自由になる

ルックスに、だまされないで

　まるの数倍はある大きなグレートデン、まるの足元くらいしかない小さなチワワ、まるにはいろんな友達がいます。でも、まるはお散歩で出会う他の犬たちの体格だけを見て怯えたり威嚇したりは決してしません。まるも標準の柴犬のサイズの倍はあります。そう、目に見えている姿で相手を判断しないのです。私たちも相手の服装や背丈、髪型やメイクなどで印象を決めつけず、相手の本質を知ろうとする姿勢を養いましょう。第一印象で怖いと感じたあの人も、一杯のお茶を飲みながら少し語り合ってみれば、意外とデリケートで良い人だとわかることもあるのです。

色不異空
しきふいくう

かたちある「色」の存在は永遠ではありません。いつかは滅びたり、壊れたり、消えていったりします。そういう意味では、色のなかには「空」の性質があるのです。「色」と「空」は異ならず、すなわち同一であると、ここで断じています。

気持ちは伝わる

こだわりから自由になる

あなたの気持ちが、現実をつくる

　あの人は苦手だなあと感じていたら、相手もあなたのことを、あまり虫が好かないなと思っていたり。以心伝心という言葉の通り、派手な喧嘩をしたわけでも争ったわけでもないのに、不思議とお互いに苦手意識を持ってしまう、そんなことが人間関係には多くあります。こういう理屈ではわりきれない関係性の悪さを感じたら、まずあなたからちょっと態度を変えてみましょう。心のなかで相手を好意的に思うように努めて、相手に少し歩み寄ってみるのです。この世に現れ出る世界は、私たちの念や感情を反映させて、いくらでも変化するのですから。

空不異色
（くうふ いしき）

「空」の性質を持つものは「色」となります。例えば私たちの願い、想像力、欲望といったものは眼には見えません。しかしその想像力こそが現実世界に高層ビルを建築し、物質化させるのです。空と色は、異なる性質を持ちながらその実、表裏一体といえるでしょう。

この瞬間に全力を

こだわりから自由になる

このひと時を、全力で楽しもう

　窓を開けると今日も一面の雪景色。「ああ、また雪か」と窓を閉めてしまう私たちと、たちまち雪のなかに飛び出していくまるたちは、なんと違うことでしょうか。輝ける雪にジャンプし転げ回る犬には、その瞬間の喜びしかないのです。私たちも全身全霊で今この瞬間を生きていいのです。すべては虚しい、すべては実体がない、と解釈される「色即是空」という言葉には、実は虚無とは真逆の意味がひっそりと隠れています。すべては移り変わり変化するもの、だからこそ、この一瞬を精一杯味わって生きようよ。そんな燃えるようなポジティブな考えが、そこには流れているのです。

色即是空（しきそく ぜくう）

有名な一節です。眼に見える世界も、すべてが真実とは限りません。同じものを見ても気持ちや先入観によって感じ方は様々。私たちの感覚を反映するこの世界は実に移ろいやすく、そこに絶対性や不変性などはありません。

温かいんだから

こだわりから自由になる

温かな想いが、現実を変える

　私たちの想いが反映されて世界はできています。美味しいごはんを子どもに食べさせたいという母の想いが、料理上手な母親をつくります。子どもたちに安全に遊んで欲しいという清掃員の想いが、清潔で安全な公園をつくるのです。明るい現実をつくるためには、その前に温かな想いがなければなりません。例えば仕事でも、お金を稼ぐという目的だけでなく、職場のみんなやお客様に喜んで欲しいという気持ちを持って働きましょう。あなたのその想いが次第に周囲を明るくし、職場での評価につながり、あなたの生活自体も豊かに変えるはずです。

空即是色
（くうそく ぜ しき）

般若心経には繰り返し「色」と「空」が連打され、反復して表現されます。訴えているのはすべて同じ内容です。色は眼に見えるものの姿、空は眼に見えない心の姿を指し、すべてが虚妄であるのと同時に、すべてに真実が宿ることもあるのです。

みんな違って
それでいい

こだわりから自由になる

感覚の違いを、拒絶しないで

　犬を見た瞬間、みんなが可愛いと感じるかといえば、必ずしもそうではありません。あの独特の臭いが嫌だと言う人もいますし、ライオンから見れば「食べたいな」と舌なめずりするだけかもしれません。まったく同じものを見ても感じることは実に様々、そして違うことこそ自然です。私たちの世界は感覚の違いを受け入れず、多くの争いを生みます。同じ感覚の人ならば安心という価値観は、容易にそれ以外の人々を排除する思想を生むのです。自分と違った感性を持つ人に出会ったら「なるほど」「そういう感じ方もあるね」と受け入れられる、そんな器量を養いたいですね。

受想行識　亦復如是
（じゅそうぎょうしき　やくぶにょぜ）

見たり聞いたり、匂いや味を受け入れる人間の心の働きも、また移り変わっていくものなのです。お釈迦さまの般若の「智慧」によってわかった「空」という真実は、ものだけでなく心もまた同じことが言えるのです。

\まると学ぶ、ブッダの教え②/

揺らぐ心にこだわっちゃダメ

　人はつい外見で判断してしまい、心が揺らぐ。周りに惑わされずに、真実の姿を見極めるのは大切なこと。日頃からお釈迦さまの教えを学んでおけば、腹が立ったり、困ったりした後、ふと冷静になった時に真実を見極め、語ることができる。

変わったね

こだわりから自由になる

変わることを、楽しもう

　まるがお風呂でさえ楽しむように、いろいろなことを楽しむ気持ちを持ちましょう。自分はこれだと決めつけず、いろいろと試して体験しましょう。私はあの美容院じゃないと嫌なの、なんて言わずに、たまにはいつもと違うサロンでカットしてもらってはどうでしょう。新しいスタイルに「まあ雰囲気が変わったね」と友達から絶賛されるかもしれません。人生を変える出会いは、新しいものを臆せず体験することから生まれます。決めつけないこと、それがすべての可能性の扉を開くのです。変わる自分も楽しめるようになれば、世界も広がります。

是諸法空相
（ぜしょほうくうそう）

この世界のあらゆる存在や現象を「諸法」と表現し、これらもすべて「空」と言い切ります。人も建物も思想もこの地球も宇宙空間も、すなわち森羅万象に不変性などは一切なく、すべてが今この瞬間も変化し続けている、と説いています。

生えた？

こだわりから自由になる

見えてなくても、そこにある

　まるがじっと見つめている先に目をやると、昨日まで美しく咲いていた庭の花が、もう枯れてしまっていた。「ああ枯れちゃった」残念な気持ちでいる私の横で、まるは平然としています。植物が芽を出したといっては喜び、枯れたといっては悲しむ私たちですが、この「生えた」、「枯れた」という感覚こそ、私たち人間が勝手に定義づけているだけなのです。植物はただ大自然のサイクルのなかで生き続けているだけ。芽を出す前も植物は生きていたし、枯れた後も糧となって生命をつないでいるのです。自然の大いなる循環をありのままに見ていないのは、私たちなのです。

不生不滅 (ふしょうふめつ)

人間の言語や感覚による自然現象の定義そのものを、バッサリ切り捨てています。どんなものも「生じたり」また「滅したり」するものではなく、単なる自然現象のなかの一段階であると言い切るのです。

汚れてもいい

こだわりから自由になる

それは汚い行為じゃない

　犬をお散歩に連れ出すと、草むらに生えている雑草を、突然口にすることがあるでしょう。まるも、突然草むらに鼻を近づけたり飛びついたりします。「わあ！汚いからやめて！」思わずリードを引っ張りますが、実は「汚い」と思っているのは私たちのほう。犬たちは整腸のために草を食んで体内を浄化することがあるのです。彼らにとって、それは汚いどころか大切な清めの作業なのですが、そのことを私たちは理解しません。私たち人間が決めつけている「キレイ・汚い」の感覚なんて、大自然の法則から見ると歪んでいるのです。

不垢不浄（ふくふじょう）

人にとっての汚い、汚くないという感覚など、人間中心の思想の最たるものであり、自然の大いなる循環という観点から見れば、すべては輪になってつながっているもの。そこに浄不浄など存在しないと言っています。

体重なんて
気にしない

こだわりから自由になる

本当は増えても減ってもいない

「また増えてるわ」500グラムの体重増加で、心は千々に乱れます。「こんなに減ったの」今度はATMの残高明細を見て、ため息をつく私たち。これら増えた減ったの真相は、単なるものの移動です。増えたのは、美味しいディナーをおなかいっぱい食べたから。減ったのは、快適なマンションに住み、教育費や交際費にお金を使ったからです。これら有形無形のサービスとお金を、あなたが自分の意思で交換していることを思い出しましょう。数字や目盛りだけを見て、増えた減ったと嘆く私たちの浅はかさ。その増減の分だけ恵みを受けたことを、決して忘れてはいけません。

不増不減（ふぞうふげん）

人の感覚や言葉による定義の否定が、ここでもまた繰り返されます。増えた、減ったという感覚は人間の狭い視点です。一点や一ヶ所だけを見て増減を判じることの愚かさを教えてくれます。

> 動物が出てくる、ブッダの言葉②

[恩返しをした牛の話]

　主人に大切に育てられたナンディという牛がいました。ナンディは恩返しのため、主人を儲けさせようと思いました。「私は連結された100台の車を引っ張って動かすことができます。私に千金を賭けて勝負をしてください」とナンディは頼みました。

　ナンディが用意された車を牽(ひ)こうとした時、主人は思わず口を荒げました。「行け、根性なし！牽け！」と。

　乱暴な言葉にショックを受け、ナンディは一歩も動くことができませんでした。ナンディは主人に言いました。
「なぜ、あんな乱暴な言葉を使ったのですか。あなたの酷(ひど)い言葉のせいで私は負けたのです。今度は倍の二千金を賭けて勝負をしてください。ただし、言葉には気を付けて」

　次の勝負の時、主人はナンディに「頑張れ、負けるな」と優しく声をかけました。すると、ナンディは一気に100台の車を牽くことに成功。主人は二千金もの大金を手にできたのです。乱暴な言葉は、誰にとっても心地いいものではありません。犬や猫や小鳥などの動物にも、優しい言葉で語りかけてあげましょう。

（「ジャータカ」より）

chapter 3

今を愉しむ

見えるものは
一瞬で変わる

今を愉しむ

いつもと同じ散歩道なんてない

　まるは、毎日お散歩で通る見慣れた道の小さな変化も見逃しません。春の訪れとともに、ぴょこんと顔を出すつくし。いつもの大きな木にできた鳥の巣。自然は刻々と変化し、日々新しく生まれ変わっているということを、動物たちはよく感じ取っているのです。私たちが「何も変わらない一日」と決めつけていれば、そんな素晴らしい変化にも気づくことなく素通りしてしまうでしょう。季節の移ろい、風が運んでくる香り、星々のきらめき、あたり前のように私たちをとりまいている自然にもう少し目を留めて、変化を感じながら生きていきたいですね。

是故空中無色
ぜ　こくうちゅうむ しき

物事には、固有の実体など無いのです。万物は変化し移り変わるという大前提に立てば、当然「色」である肉体を持った"私"などという確固たる存在もまた存在しません。

目が
くらんでない?

今を愉しむ

華やかさに、心を奪われないで

　テーブルいっぱいのご馳走や、旬の果物が盛りつけられたスイーツを見て「こんなにご馳走してもらって、私って愛されてるんだわ」なんて思っていませんか。高価な装飾品や上等な食事を与えることだけが愛情や感謝の表現ではありません。頭ではわかっていても、こうした豪華さや華やかさを幾度となく体験すると、すぐに心も奪われます。派手なもてなし以外の感謝や愛情の表現を受けつけなくなってしまっては、いけません。あなたを思う人が野の花でつくった素朴な花束や、温かい手料理などに込められた深い愛を、いつまでも心でわかる人でいたいですね。

無受想行識（むじゅそうぎょうしき）

般若心経に登場する「五蘊（ごうん）」のなかの、「色（しき）」以外の四つが「受（じゅ）」「想（そう）」「行（ぎょう）」「識（しき）」です。これらは人間の感覚や意思、意思につながる行動、そして行動の分析などを指します。これら人の感覚世界も幻のように不確かなものと説いています。

感覚を
信じすぎない

今を愉しむ

見たもの嗅いだものを、信じない

　同じコーヒーでも、飲む場所や器によって私たちの受ける印象は変わります。ホテルの広々としたテーブル席、伊万里焼のカップで供されたら、一杯800円でもありがたく味わえるかもしれません。一方、お祭りの縁日でアルマイトのやかんから直接、黒々としたコーヒーを注がれ、紙コップで手渡されたらどうでしょう。そのコーヒーに800円の価値を認めますか。この二つのコーヒー、中身はまったく同じものとしましょう。見せ方を変えただけで私たちはそのものの価値を高く感じたり低く感じたりするもの。目や耳でとらえる感覚世界とは、実にいいかげんなのです。

無眼耳鼻舌身意
（むげんにびぜっしんい）

人が絶対視しがちな、味わう、見る、聞くといった事柄も、個人の感覚や嗜好によって差があるものです。不変の真理などはありません。目や耳や舌などの肉体の感覚器官を佛教では「六根（ろっこん）」と呼びます。

疑ってみる

今を愉しむ

過去の成功体験は忘れよう

　大丈夫、これくらい片手で持てるよ、とお盆に載ったグラスを運んでいたら、すべって転んでガッシャーン、全部落として割れちゃった。誰もが一度はやってしまうこんな失敗は、過去に成功体験があるからこそ、このくらいなら大丈夫だろうと見切り発車して失敗するケースです。あなたが成功した前回の時と、まったく同じ条件が揃うということはありえません。そもそも前回よりも今回、あなたはわずかに歳をとり、環境もわずかに変わっているではありませんか。自分の技術や成功を過信せず、毎日毎回を新たなものへの挑戦と受けとめ、さあ行きましょう。

無色声香味触法
む しきしょうこう み そくほう

肉体の感覚器官を表す「六根」とつながる認識である「六境」、すなわち「色」「声」「香」「味」「触」「法」のすべても「空」であり、不変の感覚器官や認識作用などは存在しない、と言い切ります。

\まると学ぶ、ブッダの教え③/

見えないことを愉しめばいい

　幸せは本人には気がつかないところにある。ちょうど、柴犬まるに舞落ちた花びらのように。見えないからこそ自然体でいられる。先がどうなるかなんて誰にもわからない。だから今を愉しんで精一杯生きることが一番大切。

シンプルに生きる

今を愉しむ

自分の欲望をしっかり見つめて

　まるたちは、その時に本当に必要なものしか、欲しません。おなかが空けばごはん、歩きたければお散歩、その欲望はミニマムで無駄がないのです。一方の私たちはどうでしょう。夏色のシフォン素材のスカートに一目ぼれ。思わずカードで買ってしまったけれど、家に帰って衣類整理をしたら、色も素材も似ているスカートが何枚も出てきた、なんてことはありませんか。何かを見て欲望を感じたら、手を出す前に本当に必要なのか考えましょう。欲望は必要最低限に抑えて生きる。そのほうが部屋もクローゼットも、なによりあなた自身がすっきりと美しく洗練されてくるものです。

無眼界（むげんかい）　乃至無意識界（ないしむいしきかい）

「乃至（ないし）」というのは「○○から△△まで」という意味。ここでは、眼で見る世界（眼界）から意識の世界（意識界）まで、つまり私たちのあらゆる感覚に、固有の実体など存在しないと言い切っています。

世の中は
知らないことだらけ

今を愉しむ

無知は恥ずかしいことじゃない

　知らないことについては「それ私、知らないんです」と正直に打ち明け、「教えてください」と素直に尋ねられるスタンスで生きましょう。私たちの世界は知識の量に価値を置く社会です。高校受験から大学受験と生活に使うこともない単語を覚えさせられ、会社に入れば今度は専門知識の量で評価を下されます。こういう世界で生きると、知らないと損をする、知らないと馬鹿にされると、知識への不安と恐れを感じながら生きるようになります。しかし本来、知識とは人生を豊かにし、楽しくさせるための単なる道具です。私たちは、無知を恥としなくていいのです。

無無明
（む むみょう）

「無明」とは、私たちの根本にある無知のこと。悟りを理解しえない愚かさとも訳せます。般若心経では、佛教における無明の定義もまた絶対のものではなく、変化していく性質のものと説いています。

認め合えたら素敵

今を愉しむ

感性が同じ人なんて、いない

　私たちって感性がぴったりなの、価値観も同じなの、とうれしそうに付き合いはじめる恋人たちの多くが、やがて価値観が合わなくなったと言ってサッサと別れます。しかしそもそも世界に価値観が同じ人なんているのでしょうか。似た価値観を持つ人はいるかもしれません。しかし一部が似ていれば、どこかが違うはず。みんな違った身体を持つように、心も違ってあたり前なのです。親しい人との違いを認め合って歩めたら素敵ですね。「ほう、そういう考え方もあるのか」と相手の感性を尊敬できれば、付き合いも簡単には終わらずに長く続いていくはずです。

亦無無明尽（やくむ むみょうじん）

佛教ではすべての苦しみは無明を原因とする煩悩から発生し、智慧によって無明を突き破ることで消滅すると説きますが、すべてが「空」という立場に立てば、無明も、無明が尽きるという現象すらも「無い」のです。

歳とったな……

今を愉しむ

老いることの美しさを学ぼう

　私たちは老化を敵視し、老化と日々、奮闘しています。50代でもシワひとつない肌を目指し、首回りや腰回りを若いころと同じ形に維持するために、次々と美容商品が開発されています。しかし不思議なことに、老化を受け入れて上品に生きるという道は、あまり探求されていないようです。成熟した人ならではの、ゆったりとした穏やかな語り口、若い人への嫉妬なき優しさなどは、老成した人ゆえの麗しさではないでしょうか。お金をかけて美容商品を買うことだけでなく、老化を受け入れて、年齢にふさわしい魅力や知恵を育む。そんな精神性こそ手に入れたいものですね。

乃至無老死
ないし むろうし

「空」の視点に立てば、人々が恐れる老いや死はそれほど大きな問題でなく、自然現象の一つにすぎません。人間が定義する老いや死も存在せず、存在しないのですから老死が消滅することも無いと説きます。

今年もまた
歳を重ねる

今を愉しむ

歳をとることを楽しもう

　欧米を旅すると、年配の人たちが明るいお洒落をして人生を謳歌している姿に出会います。歳をとったからこそピンクを着る、華やかなドレスでフラメンコを踊る、退職したら夫婦で世界を旅する、それは素敵な円熟期の楽しみ方ではないでしょうか。この年齢だからこんな色は似合わない、この歳だからこんな服はふさわしくない、そんなことばかり言っていると、老いをどんどん暗い、狭苦しいものにしてしまいます。年齢を経れば経るほど、明るく華やかで楽しくていいのです。そんな生き方が、人生をますます豊かにしてくれます。

亦無老死尽（やくむろうしじん）

「無老死尽」は、苦しみの代表格である老いと死が消えることも無いという意味です。苦しみの原因は「無明」から始まり「老死」で終わるとされる佛教の「十二縁起（えんぎ）」の思想すら、空の世界では存在しないとされるのです。

\まると学ぶ、ブッダの教え④/

夢や優しい心を忘れない

　夢は誰にも邪魔されないもの。日常の慌ただしさに、どうかあなたの夢を埋もれさせることのないように。世間の厳しさに心をすり減らして、無関心にならないように。知らず知らずに心が曇ってきたら、基本に立ち返ろう。

ほどほどが大切

今を愉しむ

その愛し方、もう一度考えよう

　どれほど可愛いからといって、犬もネコも、私たちとはまったく異なる身体と生活習慣を持つ、別の生きものです。人間の子どものようなドレスを始終身につけさせたり、一日に何度もお風呂に入れたり、あるいはコロンや香水をその輝く毛にふりかけたり。動物たちをお気に入りの人形のように飾り立て、愛する人がいますが、それはとうてい動物を正しく扱っているとはいえません。彼らの身体は、私たちとは構造が違うのです。彼らの感覚も私たちとは、けた違いに敏感だということ学びましょう。自分の美意識を小さな生きものに押しつけることは、とても残酷なことなのです。

無苦集滅道（むくじゅうめつどう）

「苦」「集」「滅」「道」は、「四諦（したい）」と呼ばれます。般若心経においては、この四諦と四諦に連なる様々な修行法すら、結局は「無」と断言します。苦しみもその原因も、それを無くすことも、その方法も無いというのです。

悟ってみた

今を愉しむ

誇りを持つ場所を、間違えない

　出世すると人格が変わる人がいます。学歴の高さにプライドをかけている人もいます。彼らは自分たちを上回る経歴や学歴を持つ人に出会うと、反発したり競争心を刺激されたり、あるいは妙に卑屈になったりします。いずれも自分の存在そのものに価値が置けず、誇りを持てないからこそ現れる感情です。資格や学歴、社内の地位、これらは人生の表面についたお飾りのようなもの。そのお飾りに心の重心を置くのはやめましょう。学歴の裏にあるコツコツ学び続けた日々、出世を支えた継続的な業績など、目には見えないその実力こそ、あなたが心から誇れるものなのです。

無智亦無得
むちゃくむとく

「すべては無である」と語られてきました。般若で悟ったという智慧も、また悟りによって得られるものもまた無いのです。だから、何かを得た、失ったと騒ぐことをやめて、ただ実践していくしかないのです。

いつまで
そうしてるの？

今を愉しむ

何もしないという、贅沢もある

　散歩していると突如、まるが動かなくなることがあります。リードで引きずっても、なだめすかしても何をしてもダメ。こんな時は、まるが納得して動き出すまで放っておくしかありません。そんなまるに付き合って道端に座っていると、一つの気づきがあります。それは知性や理性を超えたところで、何かを直観的にやりたくないという時は、それ以上ムリに動かなくてもいいということ。いつも目的を持ってガンガン動いている状態が正常とはいえないのです。たまには本能の声に従ってすべてを放り出してみる。そんなひと時が私たちにこそ、必要かもしれませんね。

以無所得故
（いむしょとくこ）

「得るところ無きをもって故に」と直訳されます。ものや事を得るということは無いのです。ものがあるという思いがあるから、執着を起こすことになります。自我や損得勘定から離れて、こだわる心を捨てよ、と説く一節です。

動物が出てくる、ブッダの言葉③

[悪いことをした犬は誰？]

　ある時、王様の馬車の皮具や革ひもがかじられる事件が起きました。犬の仕業だとわかった王様は怒り、「国じゅうの犬を全部殺せ」という命令を出します。大規模な犬殺しが始まりました。

　実際に、王様の皮具をかじったのは、王様のお城にいる飼い犬でした。

　犬の頭(かしら)は犬たちを助けるため、王様のもとに乗り込みます。そして王様に尋ねました。「王様はすべての犬を殺せと言われますが、殺さない犬もいるのですか？」。王様は、「わしのお城にいる飼い犬は殺さない」と答えました。

　犬の頭は、「今、王様の飼い犬は殺されず、無力な犬だけが殺されています。これは弱い犬だけをいじめ殺しているだけ。正義ではありません」と言いました。そうして、お城の飼い犬が皮具をかじった証拠を王様に見せたのです。

　反省した王様は、「すべての生きものを苦しめてはならない」という命令と、犬にご馳走を与えることを命じました。どんな命も等しく大事であり、特別扱いされることがあってはならないのです。

（「ジャータカ」より）

chapter 4
穏やかに受けとめる

自分の道を進もう

穏やかに受けとめる

勤め励む人間になろう

　菩薩とは、西欧の女神たちのような、はるか天上の存在ではありません。あまり知られていないことですが、佛教における菩薩とは、真理を求めて進む私たち自身のことなのです。よく周囲を見回してみると、私たちは菩薩のような人々に日々出会っているはずです。地域のみんなのため、公園の掃除をしているボランティアのおばあちゃん。自分だけの欲望から少し離れて、誰か他の人のために一所懸命手を差し伸べ、助け起こそうとしている人。そんな人はみんな、菩薩の姿そのものです。あなたのなかにもそんな力があると信じて、自分にできることを励みましょう。

菩提薩埵

サンスクリット語の「ボーディサットヴァ」の漢訳です。「菩提」と省略されることもありますが、意味は菩薩と同じです。如来が悟りを開き佛となっているのに対して、菩薩は佛になる前の、悟りを求め修行をする存在です。

思い切って
飛び込む

穏やかに受けとめる

挑戦する気持ちを忘れない

　成功した相手が、実は同じ歳だと知ると嫉妬したり、相手の現在の輝ける姿だけを見て僻(ひが)んでも、あなたの人生は何も変わりません。相手の成功は、すさまじい努力が土台になったものです。それを羨ましいと思うなら、そこに自分も挑めばいいのです。仮にその挑戦で失敗したとしても、何もせずに暗がりから成功者を見ていた時よりは、ワンステップ前へ進むことができるはず。

　思い切って挑戦すれば、あなたの心に燃えていた、苦しい嫉妬の炎は吹き消されます。その後には安らいだ静かな気持ちが、長くあなたのなかに留まるでしょう。

依般若波羅蜜多故(え はんにゃ は ら みっ た こ)

直訳すると「(菩薩(ぼさつ)さまは) 般若波羅蜜多という真実の智慧(ちえ)を拠りどころとしているので…」となり、後半の文章へ続きます。「依」は、〜によりという意味です。

通せんぼ

穏やかに受けとめる

人の幸せを、ジャマしない

　大好きなお母さんの気持ちを自分だけに惹きつけるため、小さな子どもが家事の邪魔をするように、それが愛情欲しさであっても、相手の仕事や使命を妨げてはなりません。相手のことが本当に大事なら、自分の気持ちを静かに抑えることも必要なのです。他人の人生の道を妨げたり、嫉妬で他人の幸せを壊したりすれば、いつかどこかで、あなたもふいに同じ目にあうでしょう。それが力の法則です。あなたが相手を心から必要としているのなら、相手のライフスタイルや考え方を尊重しましょう。深く尊重すれば、あなたも同じように敬意を持って扱われるはずです。

しんむけいげ
心無罣礙

「罣礙」は、網にからまったり、石につまずくといった状態を表します。この罣礙の前に「心無」をつけて説明するこの一文は、こだわりや疑い、わだかまりの無い、澄んだ心の状態を表しています。

天に任せる

穏やかに受けとめる

そこから先は、天に任せていい

　まるたち動物は、自然の流れに抗いません。精一杯今を生きて、それ以外のことはすべて天に任せて楽しく生きています。私たちも生老病死の流れに身を任せて、ラクに生きていいのではないでしょうか。人生では、最愛の人との別れや天災、治ることのない病など、自分の努力だけではどうしようもないものに遭遇することがあります。尽くせるだけの手は尽くし、もうこれ以上できることは何もないという時、それから先は天にお任せして現実を素直に受け入れればいいのです。そのうち、どこかにふわりと着地するのですから。

無罣礙故

繰り返し「罣礙」が登場し、「心にこだわりを持たないがゆえに」を強調します。お釈迦さまの智慧である「般若波羅蜜多」を身につけた人の心は、煩悩にとらわれず、自在に解き放たれていることを示す一節です。

もう、怖くない

穏やかに受けとめる

大丈夫、失うものなんてない

　こんな強そうな相手だと僕なんか負けるに違いない、自分の地位も名誉も失うかもしれない、あるいは、一代で築いた資産や財産を失うかもしれない…。人は自分の持っている何かを決定的に失うという可能性がある時、震えるような恐怖を感じます。しかしよくよく考えてみると、私たちの命も、いつかは必ず終わりがきます。まして地位や名誉などは、永遠の所有が約束されているものではありません。本来、私たちは何も持たずに生まれ、何も持たずに死んでいくのです。本来無一物の私たち、このことを知ると喪失の恐怖自体が、幻と気づくでしょう。

無有恐怖（むうくふ）

直訳すると「恐れは無い」という意味です。澄みきった心の状態に達した人は、こだわりや疑い、わだかまりがなく、解放された自由な境地にあるのです。

考えすぎじゃない？

穏やかに受けとめる

人の人生をわかった気にならない

　ある朝あなたが会社へ行くと、新人さんがうっすらと涙ぐんでいた。隣を見ると、腕を組んでつっ立っている、古株のおばさん。「ああ、新人さんがおばさんに叱られているんだな、可哀そう」フッとそう感じるかもしれません。でもあなたのその瞬時の想像、必ずしも真実とは限らないのです。もしかしたら、花粉症で涙の止まらない彼女のために、心配したおばさんが目薬を渡しただけかもしれません。誰かに話を聞いただけ、ちらっと見ただけなのに、まるで事の真相を知ったような気持ちになっていませんか。すべてはあなたの思い込みかもしれないのです。

遠離一切顛倒夢想
（おんり いっさいてんどう む そう）

「遠離」は、遠く離れていること。続く「顛倒夢想」とは、私たちの妄念（もうねん）の心。つまり間違った考え方や妄想などから解放されて、正しく物事を見ることができるようになったという一節です。

充電中

穏やかに受けとめる

たまにはインプットしよう

　頭も体力も限界まで使って働く私たち。毎日がアウトプットばかりで、何かを学び習得するようなインプットのための時間は本当に少なくなるものです。当然身体に疲れもたまり、仕事には倦怠感が生まれるでしょう。そんな時はムリをしてでも時間をつくって何かを取り入れましょう。講習会に参加したり、美術館やギャラリーへ足を延ばして美術鑑賞したり、使ったことのないスパイスを使って料理するのもいいかもしれません。生活に新しい何かを加えてエナジーチャージしたら、少しだけ力を増したあなたに新鮮な明日が訪れます。

究竟涅槃（くきょうねはん）

「涅槃」はサンスクリット語の「ニルヴァーナ」の漢訳です。嫉妬や僻（ひが）み、怒りといった煩悩の炎が次第に小さくなり、やがてフッと消えた状態を表しています。どこまでも静かな、安らぎの境地です。

\まると学ぶ、ブッダの教え⑤/

受けとめ方を変えればいい

　物事は捉(とら)え方次第。喜びと感謝を持って捉えるのか、不平不満で捉えるのか。不平不満を言えばそれで状況が変わるのかといったら変わらない。だから、「今あるもの」が一番ありがたいと思ってみる。穏やかな心で受けとめてみる。

見守ってるよ

穏やかに受けとめる

過去も現在も、あなたはひとりではない

　自分はずっとひとりだった、誰も自分を愛してくれない、そう決めつけることは酷く傲慢だとお釈迦さまは説きます。あなたがまだ赤ちゃんだったころ、その小さな口に乳をふくませ、泣くあなたをあやした手がありませんでしたか。学校へ行くようになると、あなたに教育を与えた存在がありませんでしたか。それはただ、成長したあなたが覚えていないだけで、有形無形の力によってあなたは今まで生かされてきたのです。あなたは決してひとりぼっちで生きてきたわけではありません。孤独で苦しい時こそ、過去と現在の自分を支えてきた存在に思いをめぐらせましょう。

三世諸佛
さんぜしょぶつ

「三世」とは、過去、現在、未来を表す言葉です。遠い過去から現在を経て、はるかなる未来まで、三つの時代に生き続けるお釈迦さまのことを、「三世諸佛」といいます。

道なき道をゆく

穏やかに受けとめる

辛いからって、すぐ逃げない

「石の上にも三年」という言葉があります。少々辛い環境でも、三年踏んばって我慢すれば、それなりにいろんな技術や知識が身につき、成長するという意味です。仮にあなたの職場に嫌な上司がいたとしても、先輩や同僚から強い批判を受けたとしても、転職したり辞表を出す前に、まずはその環境で学べるだけのことを学びましょう。どんな職場に行っても苦手な人はいますし、納得のいかないこともあるもの。そのたびに転職を繰り返していては、あなたのキャリアも生活も壊れてしまうでしょう。石の上にも三年、耐えつつ学ぶことこそ、あなたの心と身体を鍛え上げるのです。

依般若波羅蜜多故
（え はんにゃ は ら みつ た こ）

「般若波羅蜜多」は、彼岸に到るための大いなる智慧です。「依」は、〜によりという意味で、起点を表します。お釈迦さまたちも六波羅蜜を実践して、完全な智慧を体得し、悟りを開いたのです。

たくさんの人に
支えられている

穏やかに受けとめる

一つ一つに感謝して喜ぼう

　感謝の反対の言葉をご存知ですか？それは、あたり前。かまってもらってあたり前、ごはんが食べられてあたり前、あたり前という思いは、すぐに現状への不満や自分より良い境遇にいる人への嫉妬を生みます。そんな暗い感情を呼び込むくらいなら、目の前の一つ一つに喜んで、感謝して生きたほうがずっと健康的ではないでしょうか。まるとお散歩をしていると、時々ご近所さんから大好物のスナックやイワシをもらいます。思いがけないギフトに全身で喜びを表現するまる。たくさんの人に支えられていることをちゃんとわかっているのかもしれません。

得阿耨多羅三藐三菩提
（とくあのくたらさんみゃくさんぼだい）

「得」は、〜を得たという意味です。阿耨多羅三藐三菩提は、最高の悟りを表します。あらゆる煩悩を取り払い、苦を滅し、すべてを正しく眺めることができる境地といえるでしょう。

大事なのは気持ち

穏やかに受けとめる

温かい人間関係を築こう

　母の愛、妻の愛、恋人としての愛。愛という言葉をあなたはよく使っていますが、それって本当に愛でしょうか？あなたのためよ、と口で言っているけれど、実は相手を思い通りの色に染めたいだけ。あなたが必要よ、と口では言っているけれど、本音は自分がひとりになるのが嫌なだけ。キレイな言葉で飾ってはみても、本音を直視すると見えてくるのはドロッとした己の欲望ということはありませんか。愛とは、変化や別れを覚悟した後に出てくる、温かい人間的な関係のこと。大切なのは、あなたが相手のことを思った気持ち。相手のことを考えてした行動なのです。

故知般若波羅蜜多
（こちはんにゃはらみった）

「故知」とは「ゆえに人々は知るのです」と訳せます。「般若波羅蜜多というお釈迦さまの智慧の素晴らしさを、人々は知るのです」と、ここでも繰り返し説いています。

\まると学ぶ、ブッダの教え❺/

認めれば苦しみは小さくなる

　今起きていることを認めてみる。ただ素直に受け入れてみる。そうすれば、少しラクになる。ひとりで背負い込まなくてもいい。卑屈になることもない。ぽっかり空いた心の穴は、正しい教えを真ん中に置いて固めていこう。

ワッショイ

穏やかに受けとめる

みんなと融和する言葉

　夏祭りの歌、盆踊りの曲……。子どものころの興奮とトキメキを思い出すお祭りや縁日は、大人になっても楽しいですよね。お祭りやイベントだけでなく、ボランティアの炊き出しやゴミ拾いなどは積極的に参加しましょう。一致団結することの達成感や、お互いを思って譲り合う気持ちは、みんなと一緒にかけ声を出すことで一体となります。都市生活を続けていると、どうしてもひとりで食事をつくり、ひとりで片づけ、ひとりで働くなど、個にフォーカスした毎日を送りがちです。だからこそ自分も社会の一員だということをあらためて気づかせてくれる地域の活動に参加しましょう。

是大神呪
（ぜ だいじんしゅ）

「是」は、般若波羅蜜多の意味です。「大」は、偉大なるという意味です。「神」は、尊く侵すことのできないという意味です。「呪」は、真言・マントラという意味です。ここから登場する偉大な呪文について語られています。

分かち合おう

穏やかに受けとめる

もっともっと、人とシェアしよう

　いろんなものを周囲の人と分け合いませんか？クッキーを少し多めに焼いたから、頂きもののイチゴがたくさんあるから。それが食材でも時間でも、少しでもゆとりがあれば誰かと分け合うことを考えましょう。特別な相手でなくていいのです。アパートの隣の住人でも、大家さんでも友達でも、取引先の相手でもいいはずです。「まあ、わざわざありがとう」喜びに輝いた笑顔は、めぐりめぐってあなたを富ませます。時間とものは、自分や子どもや孫のためだけに使うのではなく、もっと広い共同体でシェアすること。それがあなたの人生を、もっと輝かせるのです。

是大明呪
（ぜ だいみょうしゅ）

「是」は般若波羅蜜多の意味です。「大」は偉大なという意味です。そして「明」は悟りという意味です。前文の「是大神呪」に続いて、大きな効果のある呪文を意味します。お釈迦さまの働きを表す、光り輝く言葉なのです。

言葉には
パワーがある

穏やかに受けとめる

発する言葉には、気をつけよう

　私たちは、他人から言われた言葉にはとっても敏感です。「あの時、主人から酷い言葉を言われたの」「ずっと忘れられないわ」と何年も根に持つ人もいるでしょう。それでいて私たちは、自分がどんな言葉を相手に投げているかにはかなり鈍感です。「お母さんのあの言葉、すごく傷つくわよ」娘に返された一言によって逆にハッとして驚くこともあるでしょう。口に出す言葉は、放つ前にちょっと考えましょう。言葉には想像以上のパワーがあります。ちょっとした褒め言葉が相手の心を励まし、猛烈にやる気にさせることもあれば、恐ろしいことにその真逆も起こりうるのです。

是無上呪
ぜ む じょうしゅ

無上の、この上なき優れた呪文であると強調する表現です。マントラを絶賛する表現が、たたみかけるように続いています。

君は世界で
ひとりだけ

穏やかに受けとめる

かけがえのない存在

　イノセンス、無垢な魂という言葉があります。それは動物たちや子どもが、ものを知らず、清らかだという意味ではありません。むしろ動物や子どもたちのほうが大人よりもはるかに鋭く、残酷であることも多いもの。有名な童話のなかで、「あの王様は裸よ！」と指を指したのがひとりの子どもであったように、大人になって失ってしまった真実性は、子どもや動物たちが気づかせてくれるのです。生活に閉塞感を感じたら、大人だけの社会から離れて子どもや動物たちと接しましょう。その恐ろしいまでの正直さや鋭さが、あなたを生きることの原点へと連れ戻してくれるはずです。

是無等等呪
（ぜ む とうどうしゅ）

「是」は般若波羅蜜多、「無等等」は比較するもの無きという意味です。そして「呪」はマントラです。「是無上呪」と「是無等等呪」の二つの言葉を重ねることで、「般若波羅蜜多」の真言の素晴らしさを伝えています。

ドンマイ

穏やかに受けとめる

評価を望む気持ちを、捨てよう

　人にわかってもらいたい、という願いを捨てましょう。自分の価値をわかってもらおう、自分のスタイルを認めさせようと頑張ると、そこには強い執着と、相手に理解させるための戦いが生まれます。まるは、人とやわらかく協調して生きていますが、相手にもっと自分を愛させよう、などと力むことはありません。ふんわり、ゆったり、あるがままでいるのです。だからこそ多くの人が彼に惹きつけられ、集まってきます。自分に嘘をつかずに精一杯生きることができれば、もう、それでいいのです。他人からの採点を待ち望む気持ちこそ、ぽんと遠くへ投げ捨てましょう。

能除一切苦(のうじょいっさいく)

「一切の苦しみを取り去る」と、あえて「一切」という強い言葉をつけて表現しています。このマントラを唱えれば、すべての苦しみから解放される、と呼びかけているのです。

ラクして
手に入るものナシ

穏やかに受けとめる

嘘偽りのない、存在になる

　飲むだけで10キロ痩せる薬、会社の純利益が3倍になるシステム、即効性のある海外投資、いずれもラクをして何かをゲットするという広告が、世の中にはあふれています。しかし私たちの生きる世界に、本来そんなうまい話はありません。良いものを手にするためには、人並み外れた努力をコツコツ重ねるしかすべはないのです。理性ではわかっていても、つい私たちはイージーな儲け話や魅惑的な商品に心惑わされます。何かを手に入れたいのなら、正しく努力し自分を鍛え抜きましょう。努力と精進を身につけて、自分自身もまた嘘偽りのない存在になりましょう。

真実不虚
しんじつふこ

「不虚」とは、妄想や偽りではないという意味です。「真実にして虚ならず」というこの言葉は、前に登場した「すべての苦しみを取り去る」という言葉に連動します。般若波羅蜜多は、人生におけるすべての苦しみを取り除く、嘘偽りのない真実のマントラなのです。

まると学ぶ、ブッダの教え⑦
無は完全消滅じゃない

　人は亡くなれば無くなる。ただ、本当に無くなるわけではない。思いにかたちを変えただけ。誰かの心のなかで生き続ける。その人を思えば蘇る。人は現象にとらわれて「ある」とか「無い」とか言うけれど、完全消滅するわけではない。

みんなで考えよう

穏やかに受けとめる

明るいエネルギーで周囲を照らそう

　自分の心のなかに怒りの炎が激しく燃えている時、それをファッションやメイク、あるいは笑顔で隠せると思っていませんか？よほどの芝居上手であっても、まず隠すことはできません。怒っている人は遠くからでもその怒りのエネルギーがびんびん伝わるものです。そして、怒りは抑えれば抑えるほど全身からあふれ出します。逆に人生をのびやかに楽しんでいる人は、そのくつろいだ明るいエネルギーが周囲まで照らします。生きるということはエネルギーそのもの。よいエネルギーをみんなと分かち合い、交換し合うことで人は強くなれるのです。

故説般若波羅蜜多呪
こ せつはんにゃ は ら みっ た しゅ

彼岸へ渡る般若波蜜多のマントラを、さあ次のように唱えますよと、人々に呼びかけている表現です。効果ある智慧の言葉を声高らかに唱えることを、みんなに薦めているのです。

ファイト

穏やかに受けとめる

人間は、もっと優しくなれる

　まるのオーナーさんは言います。犬は人の言葉を話せないけれど、こちらが話す言葉は理解し、その言葉に込められた感情をしっかり感じ取っていると。まるの家でもご主人夫婦が喧嘩をすると、その身体を押しつけて心配そうにまるが二人の間に入ってくるといいます。動物たちのように、私たち人間も、もっとお互いに、そしてすべての生きものに対して優しくなれるのではないでしょうか。ひたすら黙って私たちに寄り添い続けている動物たちは、もしかしたらすべてを理解した上で、いつか人間が自分たちと同じ目線に立ってくれることを、待ち望んでいるのかもしれません。

即説呪曰
そくせつしゅわつ

そのマントラは次のようなものである、という一節です。観自在菩薩は智慧のマントラを次のように唱えましたと告げ、この後から般若心経最後の呪文が唱えられていきます。この呪文は何かの説明ではなく、前進する魂を鼓舞するかけ声です。

\まると学ぶ、ブッダの教え⑧/

きっと願いは叶う

　正しいことを信じて、自分でしっかり実践してみた充実感を「悟り」という。その瞬間の「喜び」が一番尊い。心を決めてやってみれば、悟ることはたやすい。サンタさんを待たなくても、きっと自分で願いを叶えていける。

さあ行こう！

穏やかに受けとめる

少しずつでいい、前へ進もう

　勉強、就職、結婚に子育て。人生の様々なステージで奮闘する私たちは、毎日が挑戦と失敗の連続です。100の挑戦のうち90が失敗かもしれません。それは自分の理想に対して実力が追いついていないから。でも人は失敗から学び、さらに進み続けることで向上します。いきなり高いレベルに到達することは誰もできないもの。小さなハードルを少しずつ上げて飛び続けましょう。そのうちみんなが驚くような高い障壁も、軽々と飛び越えられるようになるでしょう。高みへ到達するためには、すべての失敗、すべての出来事を、成長へのワンステップと思えばいいのです。

掲諦 掲諦 波羅掲諦
（ぎゃてい ぎゃてい は ら ぎゃてい）

「行こう、行こう、さあ行こう」と大きく強く背中を押すような、かけ声です。「掲諦」は、度(ど)すとも解釈され、人生のあらゆる苦しみを般若の智慧(ちえ)によって、私たちが力強く乗り越えていくよう呼びかけています。

一緒に行こう！

穏やかに受けとめる

人に与え、愛せる人間になろう

　愛されるための装いとメイク、愛されるための笑顔としぐさ……。女性に人気の雑誌では、定期的に「愛されるための」特集が掲載されます。求められ愛されることを切に願う女性の欲望の表れでしょうが、ひとりの人間として眺めた時、愛を得ることばかりを望むのは、どこか幼稚で独りよがりな考え方です。もらうばかりではなく、相手に豊かに与え抜くのも愛であるはず。自分が愛の勝者になることを目指したり、愛されることばかりを狙うのではなく、人をきちんと愛せる人になりましょう。相手と一緒になって幸せをつくるために努力することが大切なのです。

波羅僧掲諦(はらそうぎゃてい)

「ひとりで進むのではなく、みんなで一緒になって進もうよ、大勢で彼岸へと渡ろうよ」と誘っている一節です。分け隔てのないお釈迦さまの愛と輝くような智慧(ちえ)が、万物をあまねく照らしています。

幸せの世界を
目指して

穏やかに受けとめる

穏やかな心の境地に

　対人関係で苦しんでいるのなら、解決法は簡単です。相手を変えたい、思い通りにしたいという欲を捨てましょう。相手が、親でも子でも部下でも同じこと。人は大切な相手には、自分が望むように動いて欲しいと願うものです。しかし本来、あなたは誰のことも支配できません。万物は変化し、相手も今の力関係もやがては変わっていきます。人とクールで有意義な関係を築きたいのなら、まず相手を自分仕様に染めたいという欲望を、打ち捨てましょう。ありのままの相手を認めて、たどり着いた穏やかな心の境地。それこそが私たちの目指すべき、幸せの世界なのです。

菩提薩婆呵
（ほじそわか）

般若心経のラストは、「悟りの成就に、幸あれ！」と叫ぶように完結します。人生の苦しみのなかで般若波羅蜜多を必死に実践し、煩悩の彼岸をはるかに超えて、無事に渡りきった存在に対しての、あふれるような祝福の言葉です。

これがワン若心経

穏やかに受けとめる

あたり前の毎日が、きっと幸せなこと

　あれが無い、これも無いと、いつも無いことを嘆いていませんか。本当にあなたには何もないのでしょうか。他人の人生を見て、人を羨むあまり、あなたが手にしている豊かなものに自分で気がついていないだけかもしれません。小さなテーブルがないのなら、古いちゃぶ台を修理して使いましょう。お洒落なプランターが欲しいのなら、野に咲く花を摘み取ってグラスに美しく活けましょう。手元にあるものを見つめ直せば、生活に知恵と工夫も生まれます。幸せとは、はるか遠くにあるものではありません。あなたのすぐ近くに、すでにあふれんばかりに存在しているのです。

般若心経（はんにゃしんぎょう）

あふれるようなマントラが連打され、最後は祝福の言葉で締めくくられるのが、般若心経です。玄奘三蔵（げんじょうさんぞう）はインドに経典を求める旅の途上、困難な時は「掲諦（ぎゃてい）」以下のマントラを唱えて危機を脱したと伝えられています。

\まると学ぶ、ブッダの教え⑨/

まるくおさまるよ

　人は自分ひとりでは生きていけない。みんなで支え合って生きている。自分が自分がとなるから、角が立つ。そんな時は自分が前に出ることをやめ、人を立てれば自ずとみんなが立ててくれる。大丈夫、きっとまるくおさまるよ。

般若心経 全文

摩訶般若波羅蜜多心経
（まかはんにゃはらみったしんぎょう）

観自在菩薩
（かんじざいぼさつ）
行深般若波羅蜜多時
（ぎょうじんはんにゃはらみったじ）

照見五蘊皆空　度一切苦厄
（しょうけんごうんかいくう　どいっさいくやく）

舎利子
（しゃりし）

色不異空　空不異色
（しきふいくう　くうふいしき）
色即是空　空即是色
（しきそくぜくう　くうそくぜしき）

大いなる智慧の完成によって幸せをいただくための中心となる教え

　私はこのように聞いています。お釈迦さまは大勢の出家した弟子たちや菩薩さまたちと共に王舎城の霊鷲山にいらっしゃった時、深い悟りの瞑想に入られました。その時、観自在菩薩さま（観音さま）は深淵な「智慧の完成（般若波羅蜜多）」の修行をされて次のように見極められました。

　人は私や私の魂というものが存在すると思っていますが、人間は肉体や感覚・イメージ・感情・思考（色受想行識）という一連の知覚、反応を構成する五つの集合体（五蘊）で、そのどれもが私ではないし、私に属するものでもないし、またそれらの他に私があるわけでもないのですから、結局どこにも私などというものは存在しません。しかもそれら五つの要素も幻のように実体がありません。そして、修行によって得られた智慧によってすべての苦しみや災いから抜け出すことができました。

　お釈迦さまの弟子で長老のシャーリプトラ（舎利子）は、観自在菩薩さまに次のようにお尋ねになりました。「深淵な智慧の完成の修行をしようと思えば、どのように学べばよいのでしょうか」。

　観自在菩薩さまは次のようにお話しになりました。シャーリプトラよ、肉体は幻のように実体の無いものであり、実体が無いものが肉体としてあるように見えているのです。肉体は幻のように実体の無いものに他ならないのですが、

じゅそうぎょうしき　やくぶにょぜ
受想行識　亦復如是

しゃりし　ぜしょほうくうそう
舎利子　是諸法空相

ふしょうふめつ　ふくふじょう
不生不滅　不垢不浄

ふぞうふげん
不増不減

ぜこくうちゅうむしき　むじゅそうぎょうしき
是故空中無色　無受想行識

むげんにびぜつしんい
無眼耳鼻舌身意

むしきしょうこうみそくほう
無色声香味触法

むげんかい　ないしむいしきかい
無眼界　乃至無意識界

むむみょう　やくむむみょうじん
無無明　亦無無明尽

ないしむろうし　やくむろうしじん
乃至無老死　亦無老死尽

むくじゅうめつどう　むちやくむとく
無苦集滅道　無智亦無得

いむしょとくこ
以無所得故

ぼだいさつた　えはんにゃはらみったこ
菩提薩埵　依般若波羅蜜多故

しんむけいげ　むけいげこ　むうくふ
心無罣礙　無罣礙故　無有恐怖

おんりいっさいてんどうむそう　くきょうねはん
遠離一切顛倒夢想　究竟涅槃

かといって真実の姿は我々が見ている肉体を離れて存在するわけではありません。肉体は実体が無いというあり方で存在しているのであり、真実なるものが幻のような肉体として存在しているのです。これは肉体だけでなく感覚やイメージ、感情や思考も同じです。シャーリプトラよ、このようにすべては実体が無いので、生まれることも、無くなることもありません。汚れているとか、清らかであるということもありません。迷いが減ったり、福徳が増えたりすることもありません。

　このような実体は無いのだという高い認識の境地からすれば、肉体も感覚もイメージも連想も思考もありません。目・耳・鼻・舌・皮膚や、感覚といった心も無く、色・音・匂い・味・触感といった感覚の対象となるものもありません。目に映る世界から、心の世界まですべてありません。もともと何も無いのですから、迷いの最初の原因である認識の間違いも無ければ、それが無くなることもありません。同様に迷いの最後の結果である、老いも死も無く、老いや死が無くなることもありません。苦しみも、その原因も、苦しみがなくなることも、苦しみを無くす修行法もありません。知ることも、修行の成果を得ることもありません。

　このような境地ですから、菩薩さまたちは智慧の完成によって、心に妨げがありません。心に妨げが無いので恐れもありません。誤った妄想を一切お持ちでないので、完全に解放された晴れ晴れとした境地にいらっしゃいます。過去・現在・未来のすべての佛さまも、この智慧の完成によって、この上なく完全に目覚められたのです。

さんぜしょぶつ　えはんにゃはらみったこ

三世諸佛　依般若波羅蜜多故

とくあのくたらさんみゃくさんぼだい

得阿耨多羅三藐三菩提

こちはんにゃはらみった

故知般若波羅蜜多

ぜだいじんしゅ　ぜだいみょうしゅ

是大神呪　是大明呪

ぜむじょうしゅ　ぜむとうどうしゅ

是無上呪　是無等等呪

のうじょいっさいく　しんじつふこ

能除一切苦　真実不虚

こせつはんにゃはらみったしゅ

故説般若波羅蜜多呪

そくせつしゅわつ

即説呪曰

ぎゃてい　ぎゃてい　はらぎゃてい

掲諦　掲諦　波羅掲諦

はらそうぎゃてい　ぼじそわか

波羅僧掲諦　菩提薩婆呵

はんにゃしんぎょう

般若心経

ですから智慧の完成は大いなる悟りの真言であり、光り輝く真言であり、最高の真言であり、他に比べることもない真言です。すべての苦しみを取り除く真言であり、偽りが無いので確実に効果があります。
　さあ、智慧の完成の真言を声高らかにお唱えしましょう。

「ガテー ガテー パーラガテー パーラサンガテー ボーディ スヴァーハー」（智慧よ、智慧よ、完全なる智慧よ、完成された完全なる智慧よ、悟りよ、幸あれ）（行こう、行こう、さあ行こう、さあみんなで行きましょう。幸せの世界に向かって、手に手を取り合って）。

　シャーリプトラよ、深淵な智慧の完成の修行をするにはこのように学ぶのです。この時、お釈迦さまは瞑想を終えられ、「その通りです」と喜んで観自在菩薩さまをお褒めになりました。シャーリプトラや観自在菩薩さまやその場にいたすべての人たちはお釈迦さまの言葉に喜びました。以上で智慧の完成の神髄の教えを終わります。

薬師寺について

天武9年（680年）、白鳳時代に第40代天武天皇が皇后（後の持統天皇）の病気平癒と国民の幸せ・健康を願い、建立された。天武天皇崩御の後は、続いて即位された皇后（持統天皇）がその意志を引き継ぎ、18年の年月をかけて完成された。創建当時は藤原京にあったが、718年に現在の場所（奈良市西ノ京町）に移転。宗派は法相宗の大本山。平成10年（1998年）12月、「古都奈良の文化財」としてユネスコの世界遺産に登録される。

まるについて

2007年10月20日生まれ。標準的な柴犬よりも少し大きい18キロ。自宅近くのペットショップで小野夫妻と出会い、クリスマスイブの日に小野家の一員となる。2011年3月11日の震災後、「可愛い犬の写真でみんなを元気づけたい」と小野氏がまるの写真を公開したところ、インスタグラムのフォロワーが250万人を超え、犬部門世界1位に輝いた。海外にもファンが多い。好物はりんご、趣味は穴掘り、特技は遠吠え。

監修　加藤朝胤（かとう ちょういん）

1949年、愛知県尾西市（現一宮市）生まれ。法相宗宗務長。法相宗大本山 薬師寺執事長。龍谷大学文学部特別講師、NHK文化センター講師、朝日カルチャーセンター講師、中日文化センター講師などを務める他、NHK「こころの時代」など、TV・ラジオでも活躍。各地で講演会や辻説法を開催。著書に「今あるものに気づきなさい」、監修書に「般ニャ心経」「般若心経エッセイ」「心を整える 般若心経 写経手帳」「おしえてほとけさま」「くり返し読みたい般若心経」「ブッダの言葉エッセイ」（以上、全てリベラル社）などがある。
［薬師寺］http://www.nara-yakushiji.com

写真　小野慎二郎（おの しんじろう）

1973年、東京都生まれ。外資系ハードウエアベンダーのマーケティング部にて日本のコンシューマ市場を担当。その後ネット系ベンチャー企業に経営参画、SNSサービスについてのノウハウを学ぶ。現在はマーケティングコンサルタントとして独立。2011年から毎日欠かさずインスタグラムで愛犬・まるの写真をアップし、フォロワー250万人を超える人気アカウントに成長。好きな食べものは生姜焼き定食、座右の銘は「継続は力なり」、渦巻きは内側から描く派。

文　菅原こころ（すがわら こころ）

1976年、大分県生まれ。同志社大学文学部卒業。広告代理店のディレクターを経て独立し、フリーへ。「別冊宝島」（宝島社）、「時空旅人」（三栄書房）など教養誌へ記事執筆、「常識なんてにゃんセンス」「般ニャ心経」（以上、全てリベラル社）などで取材・文を担当。戦争、宗教、歴史哲学など人の心が生み出す諸相に興味を持つ。名古屋市在住。

監修	加藤朝胤	装丁デザイン	宮下ヨシヲ（サイフォン グラフィカ）
写真	小野慎二郎	本文デザイン	渡辺靖子（リベラル社）
文	菅原こころ	編集人	伊藤光恵（リベラル社）
		営業	青木ちはる（リベラル社）

編集部　廣江和也・鈴木ひろみ・山浦恵子
営業部　津田滋春・廣田修・中村圭佑・三田智朗・三宅純平・栗田宏輔

2016年7月27日　初版

発行者　隅田直樹
発行所　株式会社 リベラル社
　　　　〒460-0008　名古屋市中区栄 3-7-9 新鏡栄ビル8F
　　　　TEL 052-261-9101　FAX 052-261-9134
　　　　http://liberalsya.com
発　売　株式会社 星雲社
　　　　〒112-0012　東京都文京区大塚 3-21-10
　　　　TEL 03-3947-1021
印刷・製本　株式会社 チューエツ

©Liberalsya. 2016 Printed in Japan　ISBN978-4-434-22259-7
落丁・乱丁本は送料弊社負担にてお取り替え致します。

大好評発売中！

ラク〜に生きるヒントが見つかる
般ニャ心経
般若心経の262文字から、毎日を幸せにするヒントを紹介

こだわらニャい 心配しニャい 迷わニャい【ブッダの言葉】
世界中の人に親しまれているブッダの言葉で、毎日を心穏やかに

ニャンか、しあわせ
今日をごきげんに過ごす【禅の言葉】
「一期一会」「挨拶」「工夫」など、日常でも使われる禅語が満載

常識なんてにゃんセンス
人生を変える【ニーチェの言葉】
孤高の哲学者・ニーチェの教えが、楽しくわかる一冊